Daily QT Note

날마다 큐티 노트

넥서스CROSS

―――

주의 말씀의 맛이 내게 어찌 그리 단지요

내 입에 꿀보다 더 다니이다

시편 119:103

―――

기 간   .   .   ~   .   .

이 름

DAILY QT NOTE

☐ | 기도 ●

☐ | 묵상할 본문 ●

☐ | 세 줄 요약 ●

☐ | 암송구절 필사 ●

말씀을 읽기 전에 잠시 마음을 정돈하며 기도해요. 기도한 후 체크하세요.

오늘 묵상할 본문은 어디인가요?
'맥체인 성경읽기표'(130쪽)를
참고하셔도 좋습니다.

본문을 읽고 나서 천천히 관찰한 후 내용을 요약해보세요.
앞뒤 맥락을 짚어가며 본문에서 말하는 핵심이 무엇인지 파악합니다. 다른 성경 번역본을 함께 보면 좋습니다.

오늘 묵상할 본문 중 마음에
와 닿는 한 절을 적어보세요.
어구(구절)여도 좋습니다.
되도록 여러 번 읽고 암송해
보세요.

오늘 날짜를 기입하세요.

〈날마다 큐티 노트〉는 두 달 분으로 구성되어 있습니다.

● Date |

질문 |●

본문을 읽으면서 떠오른 질문이나 스스로에게 질문할 것들을 생각해 적어보세요.

적용·다짐 |●

오늘 말씀을 묵상하면서 깨닫게 된 점과 내 삶에 적용할 내용을 되도록 구체적으로 기록해보세요.

말씀으로 기도 |●

묵상한 말씀을 붙들고 기도로 마무리합니다.

대저 하나님의 모든 말씀은 능하지 못하심이 없느니라 누가복음 1:37

11

"신앙이란 과거를 기억하며
미래를 기대하는 것이다."

바벨론 포로 시절에 절망 속에서 방황하던 예레미야는 주의 말씀을 통해 새로운 소망을 발견했습니다. "여호와의 인자와 긍휼이 무궁하시므로 우리가 진멸되지 아니함이니이다 이것들이 아침마다 새로우니 주의 성실하심이 크시도소이다"(애 3:22~23).

또 그는 "주께서 인생으로 고생하게 하시며 근심하게 하심은 본심이 아니시로다"(애 3:33)라고 고백합니다. 고통스러운 환경 속에서 예레미야는 하나님의 본심을 알게 되면서 회복이 시작되었습니다. 우리 인생을 회복시키는 힘은 환경의 변화나 관계의 변화가 아니라 하나님의 마음을 아는 것에서 시작됩니다. 큐티와 말씀 묵상은 하나님의 마음 깊은 곳으로 우리를 인도하는 중요한 과정입니다.

알리스터 맥그래스(Alister E. McGrath)는 믿음으로 살아가는 우리의 인생을 하나님의 본심을 찾아가는 '신앙의 여정'(journey)이라 말하면서 신앙이란 "과거를 기억하며, 미래를 기대하는 것"이라고 정의했습니다. 과거에 주신 은혜를 기억하며, 미래에 부어주실 장래의 은혜를 소망하며 기대하며 사는 것이 우리의 신앙의 여정일 것입니다. 과거를 기억하고 미래를 기대할 때, 우리는 오늘의 삶에 부어지는 은혜를 기념하고 감사할 수 있습니다.

성경을 통해 과거에 베푸셨던 하나님의 놀라운 일들을 묵상하고, 앞으로 베풀어주실 장래의 은혜를 기대할 때, 오늘도 우리와 함께하시는 하나님을 만나게 됩니다. 그 은혜를 조용히 머물러 묵상하고 기록해보십시오. 그리고 하나님과 나만이 아는 사연들을 조용히 들추어 읽어보십시오. 우리와 함께하셨던 하나님과의 추억이 이 노트 속에 가득하게 될 것입니다. 하나님과 추억이 쌓일수록, 하나님과의 사연이 깊어질수록 우리는 더욱 하나님과 친밀해질 것이고 예수님을 닮아가게 될 것입니다. 과거를 기억하며, 미래를 기대하며, 오늘을 기록해보십시오.

고상섭
그 사랑교회 담임 목사
《삶의 변화를 돕는 귀납적 큐티》 저자

☐ | 기도

☐ | 묵상할 본문

☐ | 세 줄 요약

☐ | 암송구절 필사

질문 |

적용·다짐 |

말씀으로 기도 |

하나님이 이 모든 말씀으로 말씀하여 이르시되 _ 출애굽기 20:1

☐ | 기도

☐ | 묵상할 본문

☐ | 세 줄 요약

☐ | 암송구절 필사

질문 |

적용·다짐 |

말씀으로 기도 |

☐ | 기도

☐ | 묵상할 본문

☐ | 세 줄 요약

☐ | 암송구절 필사

질문 |

적용·다짐 |

말씀으로 기도 |

네가 네 하나님 여호와의 말씀을 청종하면
이 모든 복이 네게 임하며 네게 이르리니 _신명기 28:2

13

☐ | 기도

☐ | 묵상할 본문

☐ | 세 줄 요약

☐ | 암송구절 필사

질문 |

적용·다짐 |

말씀으로 기도 |

☐ | 기도

☐ | 묵상할 본문

☐ | 세 줄 요약

☐ | 암송구절 필사

질문 |

적용·다짐 |

말씀으로 기도 |

이 율법책을 네 입에서 떠나지 말게 하며 주야로 그것을 묵상하여
그 안에 기록된 대로 다 지켜 행하라 _ 여호수아 1:8a

☐ | 기도

☐ | 묵상할 본문

☐ | 세 줄 요약

☐ | 암송구절 필사

질문 |

적용·다짐 |

말씀으로 기도 |

시몬이 대답하여 이르되 선생님 우리들이 밤이 새도록 수고하였으되
잡은 것이 없지마는 말씀에 의지하여 내가 그물을 내리리이다 하고 _누가복음 5:5

☐ | 기도

☐ | 묵상할 본문

☐ | 세 줄 요약

☐ | 암송구절 필사

질문 |

적용·다짐 |

말씀으로 기도 |

복 있는 사람은… 오직 여호와의 율법을 즐거워하여
그의 율법을 주야로 묵상하는도다 _ 시편 1:1-2

☐ | 기도

☐ | 묵상할 본문

☐ | 세 줄 요약

☐ | 암송구절 필사

질문 |

적용·다짐 |

말씀으로 기도 |

좋은 땅에 있다는 것은 착하고 좋은 마음으로 말씀을 듣고 지키어
인내로 결실하는 자니라 _ 누가복음 8:15

☐ | 기도

☐ | 묵상할 본문

☐ | 세 줄 요약

☐ | 암송구절 필사

질문 |

적용 · 다짐 |

말씀으로 기도 |

☐ | 기도

☐ | 묵상할 본문

☐ | 세 줄 요약

☐ | 암송구절 필사

질문 |

적용·다짐 |

말씀으로 기도 |

예수께서 대답하여 이르시되 내 어머니와 내 동생들은
곧 하나님의 말씀을 듣고 행하는 이 사람들이라 하시니라 _누가복음 8:21

☐ │ 기도

☐ │ 묵상할 본문

☐ │ 세 줄 요약

☐ │ 암송구절 필사

질문 |

적용 · 다짐 |

말씀으로 기도 |

여호와의 교훈은 정직하여 마음을 기쁘게 하고
여호와의 계명은 순결하여 눈을 밝게 하시도다 _ 시편 19:8

☐ | 기도

☐ | 묵상할 본문

☐ | 세 줄 요약

☐ | 암송구절 필사

질문 |

적용·다짐 |

말씀으로 기도 |

☐ | 기도

☐ | 묵상할 본문

☐ | 세 줄 요약

☐ | 암송구절 필사

질문 |

적용·다짐 |

말씀으로 기도 |

☐ | 기도

☐ | 묵상할 본문

☐ | 세 줄 요약

☐ | 암송구절 필사

질문 |

적용 · 다짐 |

말씀으로 기도 |

말씀이 육신이 되어 우리 가운데 거하시매 우리가 그의 영광을 보니
아버지의 독생자의 영광이요 은혜와 진리가 충만하더라 _요한복음 1:14

☐ | 기도

☐ | 묵상할 본문

☐ | 세 줄 요약

☐ | 암송구절 필사

질문 |

적용 • 다짐 |

말씀으로 기도 |

내 평생에 선하심과 인자하심이 반드시 나를 따르리니
내가 여호와의 집에 영원히 살리로다 _시편 23:6

☐ | 기도

☐ | 묵상할 본문

☐ | 세 줄 요약

☐ | 암송구절 필사

질문 |

적용·다짐 |

말씀으로 기도 |

☐ | 기도

☐ | 묵상할 본문

☐ | 세 줄 요약

☐ | 암송구절 필사

질문 |

적용·다짐 |

말씀으로 기도 |

하나님이여 사슴이 시냇물을 찾기에 갈급함 같이
내 영혼이 주를 찾기에 갈급하니이다 _ 시편 42:1

☐ | 기도

☐ | 묵상할 본문

☐ | 세 줄 요약

☐ | 암송구절 필사

질문 |

적용·다짐 |

말씀으로 기도 |

그들은 아버지의 것이었는데 내게 주셨으며
그들은 아버지의 말씀을 지키었나이다 _요한복음 17:6b

☐ | 기도

☐ | 묵상할 본문

☐ | 세 줄 요약

☐ | 암송구절 필사

질문 |

적용·다짐 |

말씀으로 기도 |

하나님이여 내 속에 정한 마음을 창조하시고
내 안에 정직한 영을 새롭게 하소서 _ 시편 51:10

☐ | 기도

☐ | 묵상할 본문

☐ | 세 줄 요약

☐ | 암송구절 필사

질문 |

적용・다짐 |

말씀으로 기도 |

☐ | 기도

☐ | 묵상할 본문

☐ | 세 줄 요약

☐ | 암송구절 필사

질문 |

적용·다짐 |

말씀으로 기도 |

하나님께서 구하시는 제사는 상한 심령이라
하나님이여 상하고 통회하는 마음을 주께서 멸시하지 아니하시리이다 _ 시편 51:17

☐ | 기도

☐ | 묵상할 본문

☐ | 세 줄 요약

☐ | 암송구절 필사

질문 |

적용·다짐 |

말씀으로 기도 |

☐ | 기도

☐ | 묵상할 본문

☐ | 세 줄 요약

☐ | 암송구절 필사

질문 |

적용·다짐 |

말씀으로 기도 |

청년이 무엇으로 그의 행실을 깨끗하게 하리이까
주의 말씀만 지킬 따름이니이다 _ 시편 119:9

☐ | 기도

☐ | 묵상할 본문

☐ | 세 줄 요약

☐ | 암송구절 필사

질문 |

적용·다짐 |

말씀으로 기도 |

그 말씀이 여러분을 능히 든든히 세우사
거룩하게 하심을 입은 모든 자 가운데 기업이 있게 하시리라 _사도행전 20:32b

☐ | 기도

☐ | 묵상할 본문

☐ | 세 줄 요약

☐ | 암송구절 필사

질문 |

적용·다짐 |

말씀으로 기도 |

☐ | 기도

☐ | 묵상할 본문

☐ | 세 줄 요약

☐ | 암송구절 필사

질문 |

적용·다짐 |

말씀으로 기도 |

☐ | 기도

☐ | 묵상할 본문

☐ | 세 줄 요약

☐ | 암송구절 필사

질문 |

적용·다짐 |

말씀으로 기도 |

☐ │ 기도

☐ │ 묵상할 본문

☐ │ 세 줄 요약

☐ │ 암송구절 필사

질문 |

적용·다짐 |

말씀으로 기도 |

☐ | 기도

☐ | 묵상할 본문

☐ | 세 줄 요약

☐ | 암송구절 필사

질문 |

적용·다짐 |

말씀으로 기도 |

나를 사랑하는 자들이 나의 사랑을 입으며
나를 간절히 찾는 자가 나를 만날 것이니라 _잠언 8:17

☐ | 기도

☐ | 묵상할 본문

☐ | 세 줄 요약

☐ | 암송구절 필사

질문 |

적용·다짐 |

말씀으로 기도 |

우리가 하나님께 끊임없이 감사함은 너희가 우리에게 들은 바 하나님의 말씀을 받을 때에
사람의 말로 받지 아니하고 하나님의 말씀으로 받음이니 _데살로니가전서 2:13a

☐ | 기도

☐ | 묵상할 본문

☐ | 세 줄 요약

☐ | 암송구절 필사

질문 |

적용·다짐 |

말씀으로 기도 |

사람이 마음으로 자기의 길을 계획할지라도
그의 걸음을 인도하시는 이는 여호와시니라 _잠언 16:9

☐ | 기도

☐ | 묵상할 본문

☐ | 세 줄 요약

☐ | 암송구절 필사

질문 |

적용·다짐 |

말씀으로 기도 |

☐ | 기도

☐ | 묵상할 본문

☐ | 세 줄 요약

☐ | 암송구절 필사

질문 |

적용·다짐 |

말씀으로 기도 |

☐ | 기도

☐ | 묵상할 본문

☐ | 세 줄 요약

☐ | 암송구절 필사

질문 |

적용·다짐 |

말씀으로 기도 |

너는 진리의 말씀을 옳게 분별하며 부끄러울 것이 없는 일꾼으로 인정된 자로
자신을 하나님 앞에 드리기를 힘쓰라 _ 디모데후서 2:15

☐ | 기도

☐ | 묵상할 본문

☐ | 세 줄 요약

☐ | 암송구절 필사

질문 |

적용·다짐 |

말씀으로 기도 |

내가 너를 굳세게 하리라 참으로 너를 도와 주리라
참으로 나의 의로운 오른손으로 너를 붙들리라 _ 이사야 41:10b

☐ | 기도

☐ | 묵상할 본문

☐ | 세 줄 요약

☐ | 암송구절 필사

질문 |

적용·다짐 |

말씀으로 기도 |

하나님의 말씀은 살아 있고 활력이 있어 좌우에 날선 어떤 검보다도 예리하여 혼과 영과 및 관절과
골수를 찔러 쪼개기까지 하며 또 마음의 생각과 뜻을 판단하나니 _ 히브리서 4:12

79

☐ | 기도

☐ | 묵상할 본문

☐ | 세 줄 요약

☐ | 암송구절 필사

질문 |

적용·다짐 |

말씀으로 기도 |

☐ | 기도

☐ | 묵상할 본문

☐ | 세 줄 요약

☐ | 암송구절 필사

질문 |

적용·다짐 |

말씀으로 기도 |

믿음으로 모든 세계가 하나님의 말씀으로 지어진 줄을 우리가 아나니
보이는 것은 나타난 것으로 말미암아 된 것이 아니니라 _히브리서 11:3

☐ | 기도

☐ | 묵상할 본문

☐ | 세 줄 요약

☐ | 암송구절 필사

질문 |

적용·다짐 |

말씀으로 기도 |

그는 실로 우리의 질고를 지고 우리의 슬픔을 당하였거늘
우리는 생각하기를 그는 징벌을 받아 하나님께 맞으며 고난을 당한다 하였노라 _이사야 53:4

☐ | 기도

☐ | 묵상할 본문

☐ | 세 줄 요약

☐ | 암송구절 필사

질문 |

적용·다짐 |

말씀으로 기도 |

하나님께 나아가는 자는 반드시 그가 계신 것과 또한 그가 자기를 찾는 자들에게
상 주시는 이심을 믿어야 할지니라 _히브리서 11:6b

☐ ┃ 기도

☐ ┃ 묵상할 본문

☐ ┃ 세 줄 요약

☐ ┃ 암송구절 필사

질문 |

적용·다짐 |

말씀으로 기도 |

오호라 너희 모든 목마른 자들아 물로 나아오라 돈 없는 자도 오라
너희는 와서 사 먹되 돈 없이, 값 없이 와서 포도주와 젖을 사라 _ 이사야 55:1

☐ | 기도

☐ | 묵상할 본문

☐ | 세 줄 요약

☐ | 암송구절 필사

질문 |

적용·다짐 |

말씀으로 기도 |

그가 그 피조물 중에 우리로 한 첫 열매가 되게 하시려고
자기의 뜻을 따라 진리의 말씀으로 우리를 낳으셨느니라 _야고보서 1:18

☐ | 기도

☐ | 묵상할 본문

☐ | 세 줄 요약

☐ | 암송구절 필사

질문 |

적용·다짐 |

말씀으로 기도 |

☐ | 기도

☐ | 묵상할 본문

☐ | 세 줄 요약

☐ | 암송구절 필사

질문 |

적용·다짐 |

말씀으로 기도 |

너희는 말씀을 행하는 자가 되고
듣기만 하여 자신을 속이는 자가 되지 말라 _야고보서 1:22

☐ | 기도

☐ | 묵상할 본문

☐ | 세 줄 요약

☐ | 암송구절 필사

질문 |

적용·다짐 |

말씀으로 기도 |

이는 내 생각이 너희의 생각과 다르며
내 길은 너희의 길과 다름이니라 여호와의 말씀이니라 _ 이사야 55:8

☐ | 기도

☐ | 묵상할 본문

☐ | 세 줄 요약

☐ | 암송구절 필사

질문 |

적용·다짐 |

말씀으로 기도 |

너희가 거듭난 것은 썩어질 씨로 된 것이 아니요 썩지 아니할 씨로 된 것이니
살아 있고 항상 있는 하나님의 말씀으로 되었느니라 _베드로전서 1:23

☐ | 기도

☐ | 묵상할 본문

☐ | 세 줄 요약

☐ | 암송구절 필사

질문 |

적용 · 다짐 |

말씀으로 기도 |

일어나라 빛을 발하라 이는 네 빛이 이르렀고
여호와의 영광이 네 위에 임하였음이니라 _이사야 60:1

☐ | 기도

☐ | 묵상할 본문

☐ | 세 줄 요약

☐ | 암송구절 필사

질문 |

적용·다짐 |

말씀으로 기도 |

누구든지 그의 말씀을 지키는 자는 하나님의 사랑이 참으로 그 속에서 온전하게 되었나니
이로써 우리가 그의 안에 있는 줄을 아노라 _요한1서 2:5

☐ | 기도

☐ | 묵상할 본문

☐ | 세 줄 요약

☐ | 암송구절 필사

질문 |

적용·다짐 |

말씀으로 기도 |

☐ | 기도

☐ | 묵상할 본문

☐ | 세 줄 요약

☐ | 암송구절 필사

질문 |

적용 • 다짐 |

말씀으로 기도 |

오직 주의 말씀은 세세토록 있도다 하였으니
너희에게 전한 복음이 곧 이 말씀이니라 _베드로전서 1:25

☐ | 기도

☐ | 묵상할 본문

☐ | 세 줄 요약

☐ | 암송구절 필사

질문 |

적용·다짐 |

말씀으로 기도 |

☐ | 기도

☐ | 묵상할 본문

☐ | 세 줄 요약

☐ | 암송구절 필사

질문 |

적용·다짐 |

말씀으로 기도 |

이 예언의 말씀을 읽는 자와 듣는 자와 그 가운데에 기록한 것을 지키는 자는
복이 있나니 때가 가까움이라 _요한계시록 1:3

☐ | 기도

☐ | 묵상할 본문

☐ | 세 줄 요약

☐ | 암송구절 필사

질문 |

적용·다짐 |

말씀으로 기도 |

☐ | 기도

☐ | 묵상할 본문

☐ | 세 줄 요약

☐ | 암송구절 필사

질문 |

적용·다짐 |

말씀으로 기도 |

네가 나의 인내의 말씀을 지켰은즉 내가 또한 너를 지켜 시험의 때를 면하게 하리니
이는 장차 온 세상에 임하여 땅에 거하는 자들을 시험할 때라 _요한계시록 3:10

☐ | 기도

☐ | 묵상할 본문

☐ | 세 줄 요약

☐ | 암송구절 필사

질문 |

적용·다짐 |

말씀으로 기도 |

내가 네게 명령한 것이 아니냐 강하고 담대하라 두려워하지 말며 놀라지 말라
네가 어디로 가든지 네 하나님 여호와가 너와 함께 하느니라 _여호수아 1:9

☐ │ 기도

☐ │ 묵상할 본문

☐ │ 세 줄 요약

☐ │ 암송구절 필사

질문 |

적용·다짐 |

말씀으로 기도 |

☐ | 기도

☐ | 묵상할 본문

☐ | 세 줄 요약

☐ | 암송구절 필사

질문 |

적용·다짐 |

말씀으로 기도 |

☐ | 기도

☐ | 묵상할 본문

☐ | 세 줄 요약

☐ | 암송구절 필사

질문 |

적용·다짐 |

말씀으로 기도 |

그리스도의 말씀이 너희 속에 풍성히 거하여 모든 지혜로 피차 가르치며 권면하고
시와 찬송과 신령한 노래를 부르며 감사하는 마음으로 하나님을 찬양하고 _골로새서 3:16

☐ | 기도

☐ | 묵상할 본문

☐ | 세 줄 요약

☐ | 암송구절 필사

질문 |

적용·다짐 |

말씀으로 기도 |

☐ | 기도

☐ | 묵상할 본문

☐ | 세 줄 요약

☐ | 암송구절 필사

질문 |

적용·다짐 |

말씀으로 기도 |

우리는 수많은 사람들처럼 하나님의 말씀을 혼잡하게 하지 아니하고 곧 순전함으로
하나님께 받은 것 같이 하나님 앞에서와 그리스도 안에서 말하노라 _고린도후서 2:17

☐ | 기도

☐ | 묵상할 본문

☐ | 세 줄 요약

☐ | 암송구절 필사

질문 |

적용·다짐 |

말씀으로 기도 |

오직 여호와를 앙망하는 자는 새 힘을 얻으리니 독수리가 날개치며 올라감 같을 것이요
달음박질하여도 곤비하지 아니하겠고 걸어가도 피곤하지 아니하리로다 _이사야 40:31

1월 January

☐	1	창1 | 마1 | 스1 | 행1
☐	2	창2 | 마2 | 스2 | 행2
☐	3	창3 | 마3 | 스3 | 행3
☐	4	창4 | 마4 | 스4 | 행4
☐	5	창5 | 마5 | 스5 | 행5
☐	6	창6 | 마6 | 스6 | 행6
☐	7	창7 | 마7 | 스7 | 행7
☐	8	창8 | 마8 | 스8 | 행8
☐	9	창9-10 | 마9 | 스9 | 행9
☐	10	창11 | 마10 | 스10 | 행10
☐	11	창12 | 마11 | 느1 | 행11
☐	12	창13 | 마12 | 느2 | 행12
☐	13	창14 | 마13 | 느3 | 행13
☐	14	창15 | 마14 | 느4 | 행14
☐	15	창16 | 마15 | 느5 | 행15
☐	16	창17 | 마16 | 느6 | 행16
☐	17	창18 | 마17 | 느7 | 행17
☐	18	창19 | 마18 | 느8 | 행18
☐	19	창20 | 마19 | 느9 | 행19
☐	20	창21 | 마20 | 느10 | 행20
☐	21	창22 | 마21 | 느11 | 행21
☐	22	창23 | 마22 | 느12 | 행22
☐	23	창24 | 마23 | 느13 | 행23
☐	24	창25 | 마24 | 에1 | 행24
☐	25	창26 | 마25 | 에2 | 행25
☐	26	창27 | 마26 | 에3 | 행26
☐	27	창28 | 마27 | 에4 | 행27
☐	28	창29 | 마28 | 에5 | 행28
☐	29	창30 | 막1 | 에6 | 롬1
☐	30	창31 | 막2 | 에7 | 롬2
☐	31	창32 | 막3 | 에8 | 롬3

2월 February

☐	1	창33 | 막4 | 에9-10 | 롬4
☐	2	창34 | 막5 | 욥1 | 롬5
☐	3	창35-36 | 막6 | 욥2 | 롬6
☐	4	창37 | 막7 | 욥3 | 롬7
☐	5	창38 | 막8 | 욥4 | 롬8
☐	6	창39 | 막9 | 욥5 | 롬9
☐	7	창40 | 막10 | 욥6 | 롬10
☐	8	창41 | 막11 | 욥7 | 롬11
☐	9	창42 | 막12 | 욥8 | 롬12
☐	10	창43 | 막13 | 욥9 | 롬13
☐	11	창44 | 막14 | 욥10 | 롬14
☐	12	창45 | 막15 | 욥11 | 롬15
☐	13	창46 | 막16 | 욥12 | 롬16
☐	14	창47 | 눅1:1-38 | 욥13 | 고전1
☐	15	창48 | 눅1:39-80 | 욥14 | 고전2
☐	16	창49 | 눅2 | 욥15 | 고전3
☐	17	창50 | 눅3 | 욥16-17 | 고전4
☐	18	출1 | 눅4 | 욥18 | 고전5
☐	19	출2 | 눅5 | 욥19 | 고전6
☐	20	출3 | 눅6 | 욥20 | 고전7
☐	21	출4 | 눅7 | 욥21 | 고전8
☐	22	출5 | 눅8 | 욥22 | 고전9
☐	23	출6 | 눅9 | 욥23 | 고전10
☐	24	출7 | 눅10 | 욥24 | 고전11
☐	25	출8 | 눅11 | 욥25-26 | 고전12
☐	26	출9 | 눅12 | 욥27 | 고전13
☐	27	출10 | 눅13 | 욥28 | 고전14
☐	28	출11:1-12:28 | 눅14 | 욥29 | 고전15

3월 March

☐	**1**	출12:29 – 51	눅15	욥30	고전16
☐	**2**	출13	눅16	욥31	고후1
☐	**3**	출14	눅17	욥32	고후2
☐	**4**	출15	눅18	욥33	고후3
☐	**5**	출16	눅19	욥34	고후4
☐	**6**	출17	눅20	욥35	고후5
☐	**7**	출18	눅21	욥36	고후6
☐	**8**	출19	눅22	욥37	고후7
☐	**9**	출20	눅23	욥38	고후8
☐	**10**	출21	눅24	욥39	고후9
☐	**11**	출22	요1	욥40	고후10
☐	**12**	출23	요2	욥41	고후11
☐	**13**	출24	요3	욥42	고후12
☐	**14**	출25	요4	잠1	고후13
☐	**15**	출26	요5	잠2	갈1
☐	**16**	출27	요6	잠3	갈2
☐	**17**	출28	요7	잠4	갈3
☐	**18**	출29	요8	잠5	갈4
☐	**19**	출30	요9	잠6	갈5
☐	**20**	출31	요10	잠7	갈6
☐	**21**	출32	요11	잠8	엡1
☐	**22**	출33	요12	잠9	엡2
☐	**23**	출34	요13	잠10	엡3
☐	**24**	출35	요14	잠11	엡4
☐	**25**	출36	요15	잠12	엡5
☐	**26**	출37	요16	잠13	엡6
☐	**27**	출38	요17	잠14	빌1
☐	**28**	출39	요18	잠15	빌2
☐	**29**	출40	요19	잠16	빌3
☐	**30**	레1	요20	잠17	빌4
☐	**31**	레2 – 3	요21	잠18	골1

4월 April

☐	**1**	레4	시1 – 2	잠19	골2
☐	**2**	레5	시3 – 4	잠20	골3
☐	**3**	레6	시5 – 6	잠21	골4
☐	**4**	레7	시7 – 8	잠22	살전1
☐	**5**	레8	시9	잠23	살전2
☐	**6**	레9	시10	잠24	살전3
☐	**7**	레10	시11 – 12	잠25	살전4
☐	**8**	레11 – 12	시13 – 14	잠26	살전5
☐	**9**	레13	시15 – 16	잠27	살후1
☐	**10**	레14	시17	잠28	살후2
☐	**11**	레15	시18	잠29	살후3
☐	**12**	레16	시19	잠30	딤전1
☐	**13**	레17	시20 – 21	잠31	딤전2
☐	**14**	레18	시22	전1	딤전3
☐	**15**	레19	시23 – 24	전2	딤전4
☐	**16**	레20	시25	전3	딤전5
☐	**17**	레21	시26 – 27	전4	딤전6
☐	**18**	레22	시28 – 29	전5	딤후1
☐	**19**	레23	시30	전6	딤후2
☐	**20**	레24	시31	전7	딤후3
☐	**21**	레25	시32	전8	딤후4
☐	**22**	레26	시33	전9	딛1
☐	**23**	레27	시34	전10	딛2
☐	**24**	민1	시35	전11	딛3
☐	**25**	민2	시36	전12	몬1
☐	**26**	민3	시37	아1	히1
☐	**27**	민4	시38	아2	히2
☐	**28**	민5	시39	아3	히3
☐	**29**	민6	시40 – 41	아4	히4
☐	**30**	민7	시42 – 43	아5	히5

5월 May

☐	1	민8 | 시44 | 아6 | 히6
☐	2	민9 | 시45 | 아7 | 히7
☐	3	민10 | 시46 – 47 | 아8 | 히8
☐	4	민11 | 시48 | 사1 | 히9
☐	5	민12 – 13 | 시49 | 사2 | 히10
☐	6	민14 | 시50 | 사3 – 4 | 히11
☐	7	민15 | 시51 | 사5 | 히12
☐	8	민16 | 시52 – 54 | 사6 | 히13
☐	9	민17 – 18 | 시55 | 사7 | 약1
☐	10	민19 | 시56 – 57 | 사8:1 – 9:7 | 약2
☐	11	민20 | 시58 – 59 | 사9:8 – 10:4 | 약3
☐	12	민21 | 시60 – 61 | 사10:5 – 34 | 약4
☐	13	민22 | 시62 – 63 | 사11 – 12 | 약5
☐	14	민23 | 시64 – 65 | 사13 | 벧전1
☐	15	민24 | 시66 – 67 | 사14 | 벧전2
☐	16	민25 | 시68 | 사15 | 벧전3
☐	17	민26 | 시69 | 사16 | 벧전4
☐	18	민27 | 시70 – 71 | 사17 – 18 | 벧전5
☐	19	민28 | 시72 | 사19 – 20 | 벧후1
☐	20	민29 | 시73 | 사21 | 벧후2
☐	21	민30 | 시74 | 사22 | 벧후3
☐	22	민31 | 시75 – 76 | 사23 | 요일1
☐	23	민32 | 시77 | 사24 | 요일2
☐	24	민33 | 시78:1 – 37 | 사25 | 요일3
☐	25	민34 | 시78:38 – 72 | 사26 | 요일4
☐	26	민35 | 시79 | 사27 | 요일5
☐	27	민36 | 시80 | 사28 | 요이1
☐	28	신1 | 시81 – 82 | 사29 | 요삼1
☐	29	신2 | 시83 – 84 | 사30 | 유1
☐	30	신3 | 시85 | 사31 | 계1
☐	31	신4 | 시86 – 87 | 사32 | 계2

6월 June

☐	1	신5 | 시88 | 사33 | 계3
☐	2	신6 | 시89 | 사34 | 계4
☐	3	신7 | 시90 | 사35 | 계5
☐	4	신8 | 시91 | 사36 | 계6
☐	5	신9 | 시92 – 93 | 사37 | 계7
☐	6	신10 | 시94 | 사38 | 계8
☐	7	신11 | 시95 – 96 | 사39 | 계9
☐	8	신12 | 시97 – 98 | 사40 | 계10
☐	9	신13 – 14 | 시99 – 101 | 사41 | 계11
☐	10	신15 | 시102 | 사42 | 계12
☐	11	신16 | 시103 | 사43 | 계13
☐	12	신17 | 시104 | 사44 | 계14
☐	13	신18 | 시105 | 사45 | 계15
☐	14	신19 | 시106 | 사46 | 계16
☐	15	신20 | 시107 | 사47 | 계17
☐	16	신21 | 시108 – 109 | 사48 | 계18
☐	17	신22 | 시110 – 111 | 사49 | 계19
☐	18	신23 | 시112 – 113 | 사50 | 계20
☐	19	신24 | 시114 – 115 | 사51 | 계21
☐	20	신25 | 시116 | 사52 | 계22
☐	21	신26 | 시117 – 118 | 사53 | 마1
☐	22	신27:1 – 28:19 | 시119:1 – 24 | 사54 | 마2
☐	23	신28:20 – 68 | 시119:25 – 48 | 사55 | 마3
☐	24	신29 | 시119:49 – 72 | 사56 | 마4
☐	25	신30 | 시119:73 – 96 | 사57 | 마5
☐	26	신31 | 시119:97 – 120 | 사58 | 마6
☐	27	신32 | 시119:121 – 144 | 사59 | 마7
☐	28	신33 – 34 | 시119:145 – 176 | 사60 | 마8
☐	29	수1 | 시120 – 122 | 사61 | 마9
☐	30	수2 | 시123 – 125 | 사62 | 마10

7월 July

☐	1	수3 | 시126 – 128 | 사63 | 마11
☐	2	수4 | 시129 – 131 | 사64 | 마12
☐	3	수5:1 – 6:5 | 시132 – 134 | 사65 | 마13
☐	4	수6:6 – 27 | 시135 – 136 | 사66 | 마14
☐	5	수7 | 시137 – 138 | 렘1 | 마15
☐	6	수8 | 시139 | 렘2 | 마16
☐	7	수9 | 시140 – 141 | 렘3 | 마17
☐	8	수10 | 시142 – 143 | 렘4 | 마18
☐	9	수11 | 시144 | 렘5 | 마19
☐	10	수12 – 13 | 시145 | 렘6 | 마20
☐	11	수14 – 15 | 시146 – 147 | 렘7 | 마21
☐	12	수16 – 17 | 시148 | 렘8 | 마22
☐	13	수18 – 19 | 시149 – 150 | 렘9 | 마23
☐	14	수20 – 21 | 행1 | 렘10 | 마24
☐	15	수22 | 행2 | 렘11 | 마25
☐	16	수23 | 행3 | 렘12 | 마26
☐	17	수24 | 행4 | 렘13 | 마27
☐	18	삿1 | 행5 | 렘14 | 마28
☐	19	삿2 | 행6 | 렘15 | 막1
☐	20	삿3 | 행7 | 렘16 | 막2
☐	21	삿4 | 행8 | 렘17 | 막3
☐	22	삿5 | 행9 | 렘18 | 막4
☐	23	삿6 | 행10 | 렘19 | 막5
☐	24	삿7 | 행11 | 렘20 | 막6
☐	25	삿8 | 행12 | 렘21 | 막7
☐	26	삿9 | 행13 | 렘22 | 막8
☐	27	삿10:1 – 11:11 | 행14 | 렘23 | 막9
☐	28	삿11:12 – 40 | 행15 | 렘24 | 막10
☐	29	삿12 | 행16 | 렘25 | 막11
☐	30	삿13 | 행17 | 렘26 | 막12
☐	31	삿14 | 행18 | 렘27 | 막13

8월 August

☐	1	삿15 | 행19 | 렘28 | 막14
☐	2	삿16 | 행20 | 렘29 | 막15
☐	3	삿17 | 행21 | 렘30 – 31 | 막16
☐	4	삿18 | 행22 | 렘32 | 시1 – 2
☐	5	삿19 | 행23 | 렘33 | 시3 – 4
☐	6	삿20 | 행24 | 렘34 | 시5 – 6
☐	7	삿21 | 행25 | 렘35 | 시7 – 8
☐	8	룻1 | 행26 | 렘36 – 37 | 시9
☐	9	룻2 | 행27 | 렘38 | 시10
☐	10	룻3 – 4 | 행28 | 렘39 | 시11 – 12
☐	11	삼상1 | 롬1 | 렘40 | 시13 – 14
☐	12	삼상2 | 롬2 | 렘41 | 시15 – 16
☐	13	삼상3 | 롬3 | 렘42 | 시17
☐	14	삼상4 | 롬4 | 렘43 | 시18
☐	15	삼상5 – 6 | 롬5 | 렘44 | 시19
☐	16	삼상7 – 8 | 롬6 | 렘45 | 시20 – 21
☐	17	삼상9 | 롬7 | 렘46 | 시22
☐	18	삼상10 | 롬8 | 렘47 | 시23 – 24
☐	19	삼상11 | 롬9 | 렘48 | 시25
☐	20	삼상12 | 롬10 | 렘49 | 시26 – 27
☐	21	삼상13 | 롬11 | 렘50 | 시28 – 29
☐	22	삼상14 | 롬12 | 렘51 | 시30
☐	23	삼상15 | 롬13 | 렘52 | 시31
☐	24	삼상16 | 롬14 | 애1 | 시32
☐	25	삼상17 | 롬15 | 애2 | 시33
☐	26	삼상18 | 롬16 | 애3 | 시34
☐	27	삼상19 | 고전1 | 애4 | 시35
☐	28	삼상20 | 고전2 | 애5 | 시36
☐	29	삼상21 – 22 | 고전3 | 겔1 | 시37
☐	30	삼상23 | 고전4 | 겔2 | 시38
☐	31	삼상24 | 고전5 | 겔3 | 시39

	9월 September
☐ 1	삼상25 | 고전6 | 겔4 | 시40 – 41
☐ 2	삼상26 | 고전7 | 겔5 | 시42 – 43
☐ 3	삼상27 | 고전8 | 겔6 | 시44
☐ 4	삼상28 | 고전9 | 겔7 | 시45 – 46
☐ 5	삼상29 – 30 | 고전10 | 겔8 | 시47
☐ 6	삼상31 | 고전11 | 겔9 | 시48
☐ 7	삼하1 | 고전12 | 겔10 | 시49
☐ 8	삼하2 | 고전13 | 겔11 | 시50
☐ 9	삼하3 | 고전14 | 겔12 | 시51
☐ 10	삼하4 – 5 | 고전15 | 겔13 | 시52 – 54
☐ 11	삼하6 | 고전16 | 겔14 | 시55
☐ 12	삼하7 | 고후1 | 겔15 | 시56 – 57
☐ 13	삼하8 – 9 | 고후2 | 겔16 | 시58 – 59
☐ 14	삼하10 | 고후3 | 겔17 | 시60 – 61
☐ 15	삼하11 | 고후4 | 겔18 | 시62 – 63
☐ 16	삼하12 | 고후5 | 겔19 | 시64 – 65
☐ 17	삼하13 | 고후6 | 겔20 | 시66 – 67
☐ 18	삼하14 | 고후7 | 겔21 | 시68
☐ 19	삼하15 | 고후8 | 겔22 | 시69
☐ 20	삼하16 | 고후9 | 겔23 | 시70 – 71
☐ 21	삼하17 | 고후10 | 겔24 | 시72
☐ 22	삼하18 | 고후11 | 겔25 | 시73
☐ 23	삼하19 | 고후12 | 겔26 | 시74
☐ 24	삼하20 | 고후13 | 겔27 | 시75 – 76
☐ 25	삼하21 | 갈1 | 겔28 | 시77
☐ 26	삼하22 | 갈2 | 겔29 | 시78:1 – 37
☐ 27	삼하23 | 갈3 | 겔30 | 시78:38 – 72
☐ 28	삼하24 | 갈4 | 겔31 | 시79
☐ 29	왕상1 | 갈5 | 겔32 | 시80
☐ 30	왕상2 | 갈6 | 겔33 | 시81 – 82

	10월 October
☐ 1	왕상3 | 엡1 | 겔34 | 시83 – 84
☐ 2	왕상4 – 5 | 엡2 | 겔35 | 시85
☐ 3	왕상6 | 엡3 | 겔36 | 시86
☐ 4	왕상7 | 엡4 | 겔37 | 시87 – 88
☐ 5	왕상8 | 엡5 | 겔38 | 시89
☐ 6	왕상9 | 엡6 | 겔39 | 시90
☐ 7	왕상10 | 빌1 | 겔40 | 시91
☐ 8	왕상11 | 빌2 | 겔41 | 시92 – 93
☐ 9	왕상12 | 빌3 | 겔42 | 시94
☐ 10	왕상13 | 빌4 | 겔43 | 시95 – 96
☐ 11	왕상14 | 골1 | 겔44 | 시97 – 98
☐ 12	왕상15 | 골2 | 겔45 | 시99 – 101
☐ 13	왕상16 | 골3 | 겔46 | 시102
☐ 14	왕상17 | 골4 | 겔47 | 시103
☐ 15	왕상18 | 살전1 | 겔48 | 시104
☐ 16	왕상19 | 살전2 | 단1 | 시105
☐ 17	왕상20 | 살전3 | 단2 | 시106
☐ 18	왕상21 | 살전4 | 단3 | 시107
☐ 19	왕상22 | 살전5 | 단4 | 시108 – 109
☐ 20	왕하1 | 살후1 | 단5 | 시110 – 111
☐ 21	왕하2 | 살후2 | 단6 | 시112 – 113
☐ 22	왕하3 | 살후3 | 단7 | 시114 – 115
☐ 23	왕하4 | 딤전1 | 단8 | 시116
☐ 24	왕하5 | 딤전2 | 단9 | 시117 – 118
☐ 25	왕하6 | 딤전3 | 단10 | 시119:1 – 24
☐ 26	왕하7 | 딤전4 | 단11 | 시119:25 – 48
☐ 27	왕하8 | 딤전5 | 단12 | 시119:49 – 72
☐ 28	왕하9 | 딤전6 | 호1 | 시119:73 – 96
☐ 29	왕하10 | 딤후1 | 호2 | 시119:97 – 120
☐ 30	왕하11 – 12 | 딤후2 | 호3 – 4 | 시119:121 – 144
☐ 31	왕하13 | 딤후3 | 호5 – 6 | 시119:145 – 176

11월 November

- [ ] 1 왕하14 | 딤후4 | 호7 | 시120 – 122
- [ ] 2 왕하15 | 딛1 | 호8 | 시123 – 125
- [ ] 3 왕하16 | 딛2 | 호9 | 시126 – 128
- [ ] 4 왕하17 | 딛3 | 호10 | 시129 – 131
- [ ] 5 왕하18 | 몬1 | 호11 | 시132 – 134
- [ ] 6 왕하19 | 히1 | 호12 | 시135 – 136
- [ ] 7 왕하20 | 히2 | 호13 | 시137 – 138
- [ ] 8 왕하21 | 히3 | 호14 | 시139
- [ ] 9 왕하22 | 히4 | 욜1 | 시140 – 141
- [ ] 10 왕하23 | 히5 | 욜2 | 시142
- [ ] 11 왕하24 | 히6 | 욜3 | 시143
- [ ] 12 왕하25 | 히7 | 암1 | 시144
- [ ] 13 대상1 – 2 | 히8 | 암2 | 시145
- [ ] 14 대상3 – 4 | 히9 | 암3 | 시146 – 147
- [ ] 15 대상5 – 6 | 히10 | 암4 | 시148 – 150
- [ ] 16 대상7 – 8 | 히11 | 암5 | 눅1:1 – 38
- [ ] 17 대상9 – 10 | 히12 | 암6 | 눅1:39 – 80
- [ ] 18 대상11 – 12 | 히13 | 암7 | 눅2
- [ ] 19 대상13 – 14 | 약1 | 암8 | 눅3
- [ ] 20 대상15 | 약2 | 암9 | 눅4
- [ ] 21 대상16 | 약3 | 옵1 | 눅5
- [ ] 22 대상17 | 약4 | 욘1 | 눅6
- [ ] 23 대상18 | 약5 | 욘2 | 눅7
- [ ] 24 대상19 – 20 | 벧전1 | 욘3 | 눅8
- [ ] 25 대상21 | 벧전2 | 욘4 | 눅9
- [ ] 26 대상22 | 벧전3 | 미1 | 눅10
- [ ] 27 대상23 | 벧전4 | 미2 | 눅11
- [ ] 28 대상24 – 25 | 벧전5 | 미3 | 눅12
- [ ] 29 대상26 – 27 | 벧후1 | 미4 | 눅13
- [ ] 30 대상28 | 벧후2 | 미5 | 눅14

12월 December

- [ ] 1 대상29 | 벧후3 | 미6 | 눅15
- [ ] 2 대하1 | 요일1 | 미7 | 눅16
- [ ] 3 대하2 | 요일2 | 나1 | 눅17
- [ ] 4 대하3 – 4 | 요일3 | 나2 | 눅18
- [ ] 5 대하5:1 – 6:11 | 요일4 | 나3 | 눅19
- [ ] 6 대하6:12 – 42 | 요일5 | 합1 | 눅20
- [ ] 7 대하7 | 요이1 | 합2 | 눅21
- [ ] 8 대하8 | 요삼1 | 합3 | 눅22
- [ ] 9 대하9 | 유1 | 습1 | 눅23
- [ ] 10 대하10 | 계1 | 습2 | 눅24
- [ ] 11 대하11 – 12 | 계2 | 습3 | 요1
- [ ] 12 대하13 | 계3 | 학1 | 요2
- [ ] 13 대하14 – 15 | 계4 | 학2 | 요3
- [ ] 14 대하16 | 계5 | 슥1 | 요4
- [ ] 15 대하17 | 계6 | 슥2 | 요5
- [ ] 16 대하18 | 계7 | 슥3 | 요6
- [ ] 17 대하19 – 20 | 계8 | 슥4 | 요7
- [ ] 18 대하21 | 계9 | 슥5 | 요8
- [ ] 19 대하22 – 23 | 계10 | 슥6 | 요9
- [ ] 20 대하24 | 계11 | 슥7 | 요10
- [ ] 21 대하25 | 계12 | 슥8 | 요11
- [ ] 22 대하26 | 계13 | 슥9 | 요12
- [ ] 23 대하27 – 28 | 계14 | 슥10 | 요13
- [ ] 24 대하29 | 계15 | 슥11 | 요14
- [ ] 25 대하30 | 계16 | 슥12:1 – 13:1 | 요15
- [ ] 26 대하31 | 계17 | 슥13:2 – 9 | 요16
- [ ] 27 대하32 | 계18 | 슥14 | 요17
- [ ] 28 대하33 | 계19 | 말1 | 요18
- [ ] 29 대하34 | 계20 | 말2 | 요19
- [ ] 30 대하35 | 계21 | 말3 | 요20
- [ ] 31 대하36 | 계22 | 말4 | 요21

날마다 큐티 노트

엮은이 넥서스CROSS 편집부
펴낸이 임상진
펴낸곳 (주)넥서스

초판 1쇄 인쇄 2020년 3월 2일
초판 1쇄 발행 2020년 3월 9일

출판신고 1992년 4월 3일 제311-2002-2호
10880 경기도 파주시 지목로 5
Tel (02)330-5500 Fax (02)330-5555

출판사의 허락 없이 내용의 일부를
인용하거나 발췌하는 것을 금합니다.

가격은 뒤표지에 있습니다.
잘못 만들어진 책은 구입처에서 바꾸어 드립니다.

단체 주문 문의 (02)330-5549

www.nexusbook.com